EDITION
graafmann & schreck

EINE MARKE VON WEIN-PLUS

ALEXANDER SCHRECK

#WINELOVERS 2015 PLANNER

Der Jahresplaner für Weinbegeisterte

EDITION
graafmann & schreck

PARTNER

Wein-Plus.eu
Das europäische Wein-Netzwerk

VDP. Die Prädikatsweingüter

GENERATION RIESLING

#weinmarketing.

EDITION graafmann & schreck

#WINELOVERS 2015 PLANNER

Der Jahresplaner für Weinbegeisterte

Bibliografische Information der Deutschen Nationalbibliothek

Die Deutsche Nationalbibliothek verzeichnet diese Publikation in der Deutschen Nationalbibliografie; detaillierte bibliografische Daten sind im Internet über dnb.d-nb.de abrufbar.

ISBN 978-3-945870-00-6
Verlag: Wein-Plus Solutions GmbH, Erlangen
Herausgeber: Alexander Schreck
Redaktion Weinquiz: Norbert Tischelmayer
Foto/Grafik: Daniela Spasovska
Felipe Gabaldon
www.flickr.com/felipe_gabaldon
Druck: tredition, Hamburg

WINELOVERS 2015 PLANNER

EDITION graafmann & schreck

#WINELOVERS 2015 PLANNER
Der Jahresplaner für Weinbegeisterte

#WINELOVERS
Yummies of the Week

Verkostungsnotizen für Ihre Lieblingsweine der Woche

#WINELOVERS
Brain Twister

Die wöchentliche Weinfrage aus Norbert Tischelmayers Wein-Enzyklopädie

#WINELOVERS Events

Eine subjektive Auswahl an Weinevents sowie Veranstaltungen von Wein-Plus, der Verbände „VDP. Die Prädikatsweingüter" und Generation Riesling sowie die Termine der Münchner und Nürnberger Weininseln & Raum für eigene Notizen.

Sie wollen im Jahresplaner 2016 erscheinen?
Schreiben Sie uns: hello@edition.wein-plus.de

2015

#WINELOVERS QUOTE

MICHAEL BROWNE

"I like wine that sounds good and I like rock 'n' roll."

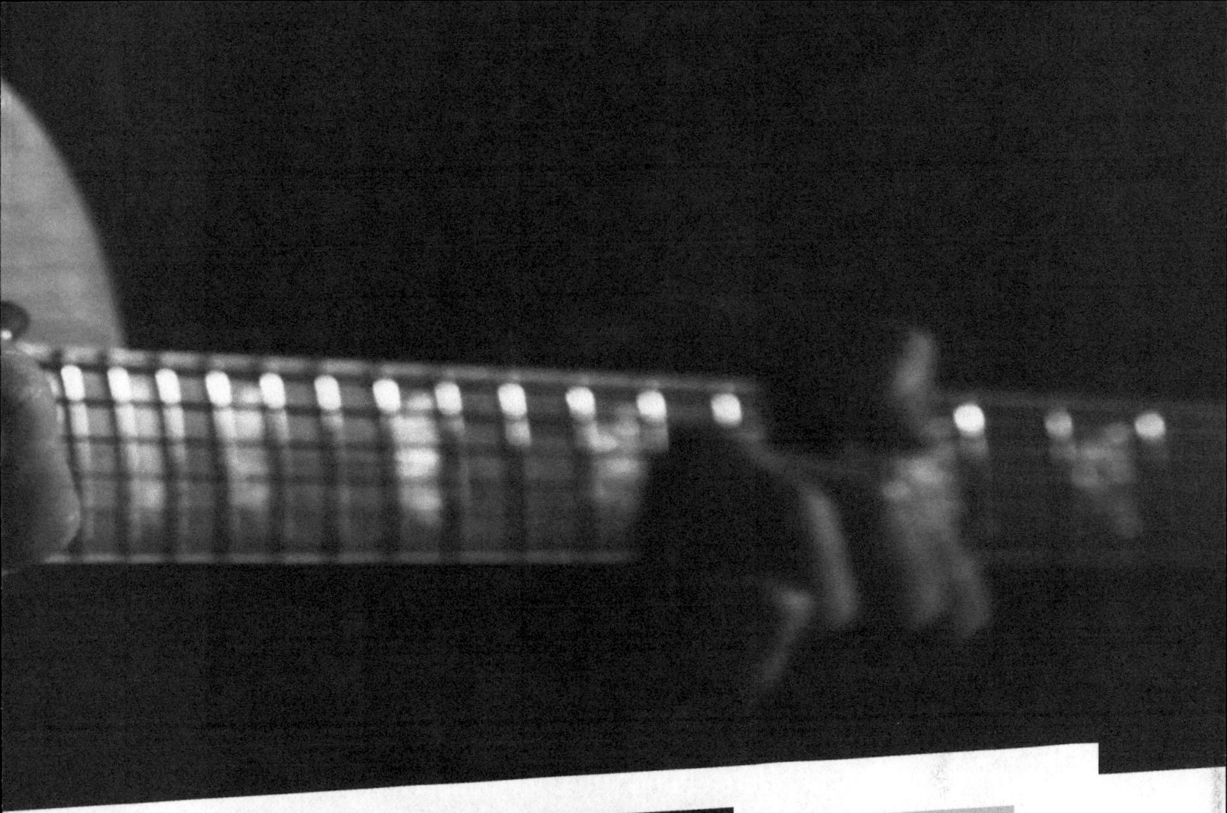

JANUAR 2015

M	D	M	D	F	S	S
29	30	31	1	2	3	4
5	6	7	8	9	10	11
12	13	14	15	16	17	18
19	20	21	22	23	24	25
26	27	28	29	30	31	1
2	3	4	5	6	7	8

WOCHE

#WINELOVERS Brain Twister

Wie lautet die französische Bezeichnung für den Vorgang der Selektion bzw. der kunstvollen Zusammenstellung von Weinen verschiedener Jahrgänge, Rebsorten und Weinberglagen speziell bei der Herstellung von Champagner?

#WINELOVERS Yummies of the Week

29 montag

30 dienstag

31 mittwoch

01 donnerstag

02 freitag

03 samstag

04
sonntag

WOCHE 02

05 - 11 JANUAR

#WINELOVERS Brain Twister

Wie heißt der DOCG-Rotwein aus dem Piemont, der sortenrein aus Nebbiolo gekeltert wird und dessen beste Lagen wie zum Beispiel Asili, Casotto, Ghiga, Montefico und Bernadotti auf dem Etikett angeführt werden dürfen?

#WINELOVERS Yummies of the Week

05 montag

06 dienstag

07 mittwoch

08 donnerstag

09 freitag

10 samstag

sonntag

12-18 JANUAR

WOCHE

#WINELOVERS Brain Twister

Wie heißt der in Deutschland und Österreich erzeugte Prädikatswein-Typ mit zumindest 110 bis 128 °Oe (je nach Anbaugebiet) bzw. 25 °KMW Mostgewicht, der zum Teil auch aus edelfaulen Beeren produziert wird?

#WINELOVERS Yummies of the Week

03

12 montag

13 dienstag

14 mittwoch

15 donnerstag

16 freitag

17 samstag

18

sonntag

19.01.2015

Grosse Gewächs Tour

Excelsior Hotel Ernst, Köln

(nur für Fachbesucher)

25.01.2015

Grosse Gewächs Tour

Hotel Palace Berlin, Berlin

(nur für Fachbesucher)

#WINELOVERS Brain Twister

Wie lautet die französische Bezeichnung für die Art der Wein-Bereitung, aus dunklen Trauben einen hellen (weißen) Wein zu keltern?

....

....

....

....

#WINELOVERS Yummies of the Week

19 montag

20 dienstag

21 mittwoch

22 donnerstag

23 freitag

24 samstag

Grosse Gewächs Tour
Excelsior Hotel Ernst
Köln

25
sonntag

Grosse Gewächs Tour
Hotel Palace Berlin
Berlin

WOCHE 5

26 - 31 JANUAR

26.01.2015
Grosse Gewächs Tour
Hotel Louis C.Jacob, Hamburg
München; Königshof
(nur für Fachbesucher)

26-28.01.2015
Millésime Bio, Montpellier
Internationale Fachmesse für
ökologischen Weinbau

#WINELOVERS Brain Twister

In welcher französischen Weinbau-Region dominieren im Westen Cabernet Sauvignon, Merlot und Cabernet Franc, und im Osten Merlot, Sauvignon Blanc und Sémillon?

#WINELOVERS Yummies of the Week

26 montag

27 dienstag

28 mittwoch

29 donnerstag

30 freitag

31 samstag

Grosse Gewächs Tour
• Hotel Louis C.Jacob, Hamburg
• Königshof, München

Millésime Bio
Montpellier

Millésime Bio
Montpellier

Millésime Bio
Montpellier

01
sonntag

#WINELOVERS QUOTE

ROBERT M. PARKER, JR.

"When I put my nose in a glass, it's like tunnel vision. I move into another world, where everything around me is just gone, and every bit of mental energy is focused on that wine."

FEBRUAR 2015

M	D	M	D	F	S	S
26	27	28	29	30	31	1
2	3	4	5	6	7	8
9	10	11	12	13	14	15
16	17	18	19	20	21	22
23	24	25	26	27	28	1
2	3	4	5	6	7	8

01.02.2015

Grosse Gewächs Tour

Excelsior Hotel Ernst, Köln

Hotel Louis C.Jacob, Hamburg

(nur für Fachbesucher)

WOCHE

#WINELOVERS Brain Twister

Wie heißt mit einem griechisch/lateinischen Begriff die Rebstock-Krankheit, die bei weit über 200 Wirtspflanzen vorkommt, deren Erreger besonders bei reichlich vorhandenem Zucker rasch wächst und von totem Pflanzenmaterial lebt, und die durch gemäßigtes Klima mit feuchtwarmer Witterung begünstigt wird?

#WINELOVERS Yummies of the Week

30 montag

01 dienstag

31 mittwoch

26 donnerstag

27 freitag

28 samstag

01 sonntag

Grosse Gewächs Tour
- Excelsior Hotel Ernst, Köln
- Hotel Louis C.Jacob, Hamburg

WOCHE 6

02-08 FEBRUAR

02.02.2015
Grosse Gewächs Tour
München; Königshof
(nur für Fachbesucher)

#WINELOVERS Brain Twister

Welcher sehr edlen Rotweinsorte sagt man einen typischen Geschmack von schwarzen Johannisbeeren (Cassis) und ein Aroma nach grünem Paprika nach?

#WINELOVERS Yummies of the Week

02 montag				
03 dienstag				
04 mittwoch				
05 donnerstag				
06 freitag				
07 samstag				

Grosse Gewächs Tour
München, Königshof

08
sonntag

09-15 FEBRUAR

WOCHE

#WINELOVERS Brain Twister

Welcher berühmte Rotwein wurde als erster im Bordeaux unter dem Château-Namen vermarktet?

#WINELOVERS Yummies of the Week

07

09 montag

10 dienstag

11 mittwoch

12 donnerstag

13 freitag

14 samstag

15

sonntag

#WINELOVERS Brain Twister

Welches berühmte alkoholische Getränk wird hauptsächlich aus den drei Rebsorten Folle Blanche, Ugni Blanc und Colombard produziert?

#WINELOVERS Yummies of the Week

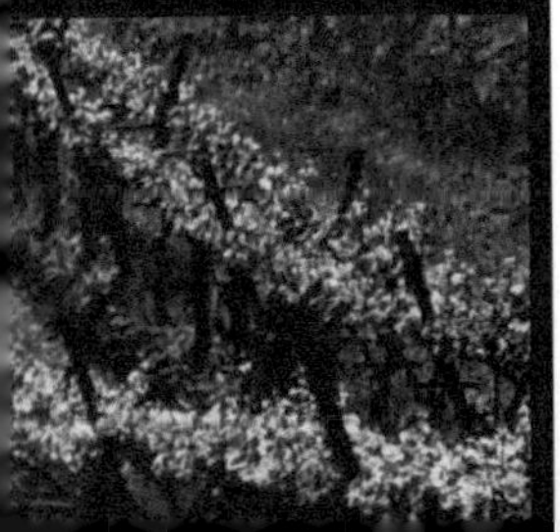

16 montag

17 dienstag

18 mittwoch

19 donnerstag

20 freitag

21 samstag

22

sonntag

WOCHE 9

23 - 28 FEBRUAR

#WINELOVERS Brain Twister

Wie lautet die (französische) Bezeichnung für einen Schaumwein, dessen Most für den Grundwein so wie beim Champagner mittels Ganztraubenpressung gewonnen werden muss?

#WINELOVERS Yummies of the Week

23 montag

24 dienstag

25 mittwoch

26 donnerstag

27 freitag

28 samstag

sonntag

#WINELOVERS QUOTE

ROBERT MONDAVI

"Making good wine is a skill. Fine wine is an art."

MÄRZ 2015

M	D	M	D	F	S	S
23	24	25	26	27	28	1
2	3	4	5	6	7	8
9	10	11	12	13	14	15
16	17	18	19	20	21	22
23	24	25	26	27	28	29
30	31	1	2	3	4	5

#WINELOVERS Brain Twister

Wie heißt das wohl berühmteste Weingut Burgunds, von dem man bis 1989 nur dann eine (einzige) Flasche kaufen konnte, wenn man dazu 11 andere Weinflaschen akzeptierte?

#WINELOVERS Yummies of the Week

23 montag

24 dienstag

25 mittwoch

26 donnerstag

27 freitag

28 samstag

01

sonntag

WOCHE 10

02 - 08 MÄRZ

07.03.2015
VDP Jungweinprobe
in den teilnehmenden Weingütern

08.03.2015
Grosse VDP.Weinpräsentation im Rahmen des Rheingau Gourmet- und Wein Festivals mit Gästen aus dem Burgenland
Laiendormitorium Kloster Eberbach
(für Fachbesucher und private Weinliebhaber)

#WINELOVERS Brain Twister

Wie heißt die rote Rebsorte, die zu Ehren eines Mannes benannt wurde, nach dessen Plänen und Initiative eine bekannte Weinbauschule gegründet wurde und die in Deutschland über 8.000 Hektar Rebfläche belegt?

#WINELOVERS Yummies of the Week

02 montag				
03 dienstag				
04 mittwoch				
05 donnerstag				
06 freitag				
07 samstag				**VDP. Jungweinprobe** in den teilnehmenden Weingütern

08
sonntag

Grosse VDP. Weinpräsentation im Rahmen des Rheingau Gourmet- und Wein Festivals mit Gästen aus dem Burgenland
Laiendormitorium Kloster Eberbach

15.03.2015

ProWein, Düsseldorf

Internationale Fachmesse für Weine und Spirituosen

mit Generation Riesling Gemeinschaftsstand

und VPD Gemeinschaftsstand

Buchpräsentation

"WINE ENTRPRENEURS - Die Macher der Weinbranche"

#WINELOVERS Brain Twister

Wie lautet die (deutsche) Bezeichnung für die spezielle Art der Gärung, bei der in hohen und schmalen Tanks am unteren Ende ständig frischer Most zugeführt, am oberen Ende der noch nicht ganz fertige Wein entnommen und dann in anderen Tanks fertig vergoren wird?

....

#WINELOVERS Yummies of the Week

11

09 montag

10 dienstag

11 mittwoch

12 donnerstag

13 freitag

14 samstag

15
sonntag

ProWein Düsseldorf
- Generation Riesling Gemeinschaftsstand
- VPD Gemeinschaftsstand
- Buchpräsentation "Wine Entrepreneurs"

16-17.03.2015

ProWein, Düsseldorf

Generation Riesling Gemeinschaftsstand

VPD Gemeinschaftsstand

22.03.2015

Vinitaly, Verona

Internationale Fachmesse für

Weine und Destillate

#WINELOVERS Brain Twister

Wie heißt die seit vielen Jahrhunderten mit Weinbau verbundene berühmte Adels-Familie im burgenländischen Weinbau-Gebiet Neusiedlersee-Hügelland (Österreich)?

#WINELOVERS Yummies of the Week

16 montag

17 dienstag

18 mittwoch

19 donnerstag

20 freitag

21 samstag

ProWein Düsseldorf
- Generation Riesling Gemeinschaftsstand
- VPD Gemeinschaftsstand

ProWein Düsseldorf
- Generation Riesling Gemeinschaftsstand
- VPD Gemeinschaftsstand

22
sonntag

Vinitaly
Verona

WOCHE 13

23 - 29 MÄRZ

23.03.2015
Generation Riesling live, Berlin
(ausschließlich für Fachbesucher)

23-25.03.2015
Vinitaly, Verona
Internationale Fachmesse für Weine und Destillate

28.03.2015
Pfälzer LagenArt
Hambacher Schloss

#WINELOVERS Brain Twister

Wie heißt die klassische, leichte und trockene Sherry-Variante mit heller, goldgelber Farbe und typischem Mandel-Aroma, die unter einer Florschicht ohne oxidativem Einfluss entsteht?

#WINELOVERS Yummies of the Week

23 montag

24 dienstag

25 mittwoch

26 donnerstag

27 freitag

28 samstag

Generation Riesling live
Berlin

Vinitaly
Verona

Vinitaly
Verona

Vinitaly
Verona

29
sonntag

Pfälzer LagenArt
Hambacher Schloss

30, 31 MÄRZ

WOCHE

#WINELOVERS Brain Twister

Wie hieß der französische Apotheker, der 1836 eine Formel veröffentlichte, mit dem der Zuckergehalt vor der Flaschengärung des Champagners festgestellt und damit die Fülldosage genau bestimmt werden konnte?

#WINELOVERS Yummies of the Week

14

30 montag

31 dienstag

01 mittwoch

02 donnerstag

03 freitag

04 samstag

05
sonntag

#WINELOVERS QUOTE

BARON PHILIPPE DE ROTHSCHILD

“Excellent wine generates enthusiasm. And whatever you do with enthusiasm is generally successful.”

APRIL 2015

M	D	M	D	F	S	S
30	31	1	2	3	4	5
6	7	8	9	10	11	12
13	14	15	16	17	18	19
20	21	22	23	24	25	26
27	28	29	30	1	2	3
4	5	6	7	8	9	10

WOCHE

#WINELOVERS Brain Twister

Wie heißt der bekannte Weinmacher aus dem Piemont, dessen Großvater als einer der ersten Wein in Flaschen abfüllte, durch rigorose Qualitäts-Maßstäbe internationales Aufsehen erregte und den Ehrentitel „Angelo nazionale“ erhielt?

#WINELOVERS Yummies of the Week

30 montag

31 dienstag

01 mittwoch

02 donnerstag

03 freitag

04 samstag

05
sonntag

WOCHE 15

06 - 12 APRIL

11.04.2015

15. Kurze Nacht der Galerien in Wiesbaden

#WINELOVERS Brain Twister

Wie lautet die spanische Bezeichnung für einen Wein, der zumindest 60 Monate gereift sein muss, davon 24 Monate im Eichenfass und 36 Monate in der Flasche?

#WINELOVERS Yummies of the Week

06 montag

07 dienstag

08 mittwoch

09 donnerstag

10 freitag

11 samstag

15. Kurze Nacht der Galerien in Wiesbaden

12

sonntag

18-19.04.2015

Wein-Plus Convention & Weinmarketing Konferenz, München, Internationale Weinmesse für Fachbesucher und private Weinliebhaber mit Generation Riesling Gemeinschaftsstand und VDP Gemeinschaftsstand

Wein-Plus.eu CONVENTION Wein erleben, erkunden, einkaufen

Wein am Dom, Speyer

13-19 APRIL

WOCHE

#WINELOVERS Brain Twister

In welchem französischen Bereich liegt ein berühmtes Weingut, das als einiges außerhalb von Médoc liegendes Châteaux in der Bordeaux-Rotweinliste von 1855 enthalten ist?

....

#WINELOVERS Yummies of the Week

16

13 montag

14 dienstag

15 mittwoch

16 donnerstag

17 freitag

18 samstag

Wein-Plus Convention & Weinmarketing Konferenz München
• Generation Riesling Gemeinschaftsstand,
• VDP Gemeinschaftsstand

Wein am Dom, Speyer

19
sonntag

Wein-Plus Convention & Weinmarketing Konferenz München
• Generation Riesling Gemeinschaftsstand,
• VDP Gemeinschaftsstand

Wein am Dom, Speyer

25.04.2015

Ortsweinpreview Rheinhessen

Kurfürstliches Schloss zu Mainz

(nur für Fachbesucher)

Ball des Weines "Manege frei"

Kurhaus in Wiesbaden

26.04.2015

VDP.Weinbörse VDP. Die Prädikatsweingüter

Rheingoldhalle Mainz

VDP. is(s)t in der Stadt....

in Restaurants in und um Mainz und Wiesbaden

WOCHE

#WINELOVERS Brain Twister

Wie lautet die Bezeichnung für die trockenen Weine der höchsten Stufe im VDP-Klassifikationsmodell, die für alle deutschen Anbaugebiete außer dem Rheingau gültig ist?

....

....

....

#WINELOVERS Yummies of the Week

20 montag				
21 dienstag				
22 mittwoch				
23 donnerstag				
24 freitag				
25 samstag				**Ortsweinpreview Rheinhessen** Kurfürstliches Schloss zu Mainz **Ball des Weines "Manege frei"** Kurhaus in Wiesbaden

26
sonntag

VDP. is(s)t in der Stadt…. Mainz
in Restaurants in und um Mainz und Wiesbaden

VDP. Weinbörse in Mainz
Rheingoldhalle Mainz

WOCHE 18

27 - 30 APRIL

27.04.2015

VDP. Weinbörse in Mainz, Rheingoldhalle Mainz

(nur für Fachbesucher)

VDP. is(s)t in der Stadt....

in Restaurants in und um Mainz und Wiesbaden

VDP. Die Prädikatsweingüter

#WINELOVERS Brain Twister

Wie heißt das berühmte Cognac-Haus, dessen irischer Firmengründer als Firmensymbol „Bras Armé" (bewaffneter Arm) aus dem Familienwappen wählte, das auch heute noch auf jeder Flasche zu finden ist?

#WINELOVERS Yummies of the Week

APRIL W 18

27 montag

28 dienstag

29 mittwoch

30 donnerstag

01 freitag

02 samstag

VDP. is(s)t in der Stadt.... Mainz
in Restaurants in und um Mainz und Wiesbaden

VDP. Weinbörse in Mainz
Rheingoldhalle Mainz

03
sonntag

#WINELOVERS QUOTE

MICHAEL BROADBENT

"Drinking good wine with good food in good company is one of life's most civilized pleasures."

MAI 2015

M	D	M	D	F	S	S
27	28	29	30	1	2	3
4	5	6	7	8	9	10
11	12	13	14	15	16	17
18	19	20	21	22	23	24
25	26	27	28	29	30	31
1	2	3	4	5	6	7

#WINELOVERS Brain Twister

Wie lautet die in Österreich und Deutschland gebräuchliche Bezeichnung (eine runde Zahl) für den Zeitraum der Wachstums-Periode zwischen der Blüte des Rebstocks und der Weinlese der reifen Weintrauben?

#WINELOVERS Yummies of the Week

27 montag

28 dienstag

29 mittwoch

30 donnerstag

01 freitag

02 samstag

03

sonntag

WOCHE 19

04 - 10 MAI

10.05.2015

VDP.Jahrespräsentation Würzburg

Galerie der Frankenweine

Congress Centrum, Würzburg

#WINELOVERS Brain Twister

Wie lautet die deutsche Bezeichnung für eine relativ neue Technik bei der Bereitung von trockenem Weißwein, bei der die Beerenhäute der gemahlenen Trauben zwischen vier und 24 Stunden bei tiefen Temperaturen (um eine Gärung zu verhindern) auf dem Most belassen werden?

#WINELOVERS Yummies of the Week

04 montag

05 dienstag

06 mittwoch

07 donnerstag

08 freitag

09 samstag

10
sonntag

Jahrespräsentation Würzburg / Galerie der Frankenweine
Congress Centrum, Würzburg

12.-14.05.2015

Feria Nacional del Vino (FENAVIN), Ciudad Real

Internationale Fachmesse für Weine und Spirituosen

14.05.2015

VDP. Jahrgangsparty des VDP. Pfalz

Hotel Deidesheimer Hof

17.05.2015

VDP. Jahrespräsentation Nürnberg

Germanisches Nationalmuseum Nürnberg

11-17 MAI

WOCHE

#WINELOVERS Brain Twister

Wie lautet die spanische Bezeichnung für einen Jungwein, der bereits im ersten Jahr nach der Weinlese vermarktet wird und nur kurz oder überhaupt nicht im Fass gereift ist?

....

#WINELOVERS Yummies of the Week

20

11 montag

12 dienstag

13 mittwoch

14 donnerstag

15 freitag

16 samstag

Feria Nacional del Vino (FENAVIN)
Ciudad Real

Feria Nacional del Vino (FENAVIN)
Ciudad Real

Feria Nacional del Vino (FENAVIN)
Ciudad Real

VDP. Jahrgangsparty des VDP. Pfalz
Hotel Deidesheimer Hof

17 sonntag

18.- 20.05.2015

London International Wine Fair (LIWF)

Internationale Fachmesse für Wein und Spirituosen

#WINELOVERS Brain Twister

Wie heißt die mit nur 125 Hektar Rebfläche kleinste französische Weinbau-Region, wo es nur eine Appellation und einen VDQS-Bereich gibt?

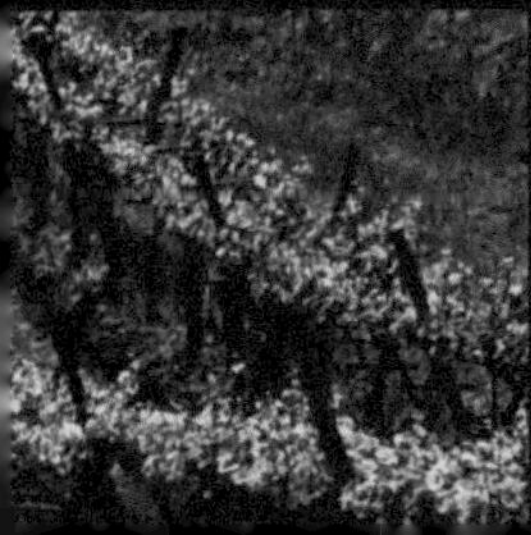

#WINELOVERS Yummies of the Week

18 montag

19 dienstag

20 mittwoch

21 donnerstag

22 freitag

23 samstag

London International Wine Fair (LIWF)
London

London International Wine Fair (LIWF)
London

London International Wine Fair (LIWF)
London

24
sonntag

WOCHE 24

25 - 31 MAI

#WINELOVERS Brain Twister

In welchem Land ist als Erfrischungsgetränk ein hochfarbiger, süßer Dessertwein (Vin Gris aus Cinsaut und Carignan) sehr beliebt und macht 10% der Wein-Produktion aus?

#WINELOVERS Yummies of the Week

25 montag

26 dienstag

27 mittwoch

28 donnerstag

29 freitag

30 samstag

#WINELOVERS QUOTE

PIERRE SEILLAN

“Oak in wine should be like a ghost. You sense its presence, but you don’t actually perceive it.”

JUNI 2015

M	D	M	D	F	S	S
1	2	3	4	5	6	7
8	9	10	11	12	13	14
15	16	17	18	19	20	21
22	23	24	25	26	27	28
29	30	1	2	3	4	5
6	7	8	9	10	11	12

WOCHE

#WINELOVERS Brain Twister

Wie heißt die weitaus größte argentinische Weinbau-Region?

#WINELOVERS Yummies of the Week

01 montag

02 dienstag

03 mittwoch

04 donnerstag

05 freitag

06 samstag

07

sonntag

WOCHE 24

08 - 14 JUNI

08.06.2015
"VDP-Franken meets …"
Künstlerhaus am Lenbachplatz
Fachbesucher ab 15.00 Uhr, Weinliebhaber ab 17.00 Uhr

12.06.2015
WEIN UND GENUSSTOUR - VDP. Genussnacht
in Partner Restaurants in Mannheim

13.06.2015
WEIN UND GENUSSTOUR - VDP in der City
in ausgewählten Geschäften in Mannheim

VDP. Party im Speicher 7
Speicher 7, Mannheim

14.06.2015
Vinexpo, Bordeaux

VDP Weinkost im Schloss
Mannheimer Schloss

#WINELOVERS Brain Twister

In welchem berühmten französischen Weinbauort, wo die Zisterzienser vom Herzog von Burgund am Weihnachtstag ihres Gründungsjahres 1098 ihren ersten Weinberg als Geschenk erhielten, wird jährlich die „Paulée“ am dritten Tag der „Trois Glorieuses“ gefeiert?

#WINELOVERS Yummies of the Week

08 montag

09 dienstag

10 mittwoch

11 donnerstag

12 freitag

13 samstag

WEIN UND GENUSSTOUR - VDP in der City
in ausgewählten Geschäften in Mannheim
VDP. Party im Speicher
Speicher 7, Mannheim

"VDP-Franken meets..."
Künstlerhaus am Lenbachplatz
Fachbesucher ab 15.00 Uhr, Weinliebhaber ab 17.00 Uhr

WEIN UND GENUSSTOUR - VDP. Genussnacht
in Partner Restaurants in Mannheim

14
sonntag

Vinexpo
Bordeaux

Weinkost im Schloss
Mannheimer Schloss

15-18.06.2015

Vinexpo, Bordeaux

Internationale Fachmesse für Wein und Spirituosen

15-21 JUNI

WOCHE

#WINELOVERS Brain Twister

Wie heißt das berühmte Weingut mit 1.000 Hektar Rebfläche im spanischen Bereich Penedès, wo sich der ebenso berühmte Besitzer speziell mit der Pflege autochthoner Rebsorten beschäftigt?

....

#WINELOVERS Yummies of the Week

25

15 montag

16 dienstag

17 mittwoch

18 donnerstag

19 freitag

20 samstag

Vinexpo
Bordeaux

Vinexpo
Bordeaux

Vinexpo
Bordeaux

Vinexpo
Bordeaux

21
sonntag

22.06.2015

Generation Riesling live, Düsseldorf

(nur für Fachbesucher)

28.06.2015

VDP. Jahrgangspräsentation

Foyer des Rheingoldhalle

(nur für Fachbesucher)

#WINELOVERS Brain Twister

Wie heißt die AC im Languedoc mit rund 4.500 Hektar Rebfläche zwischen Corbières und Saint-Chinian mit dem berühmtesten Weinort La Livinière, wo zu 99% Rotwein aus Carignan, Grenache, Mourvèdre und Syrah gekeltert wird?

....

....

....

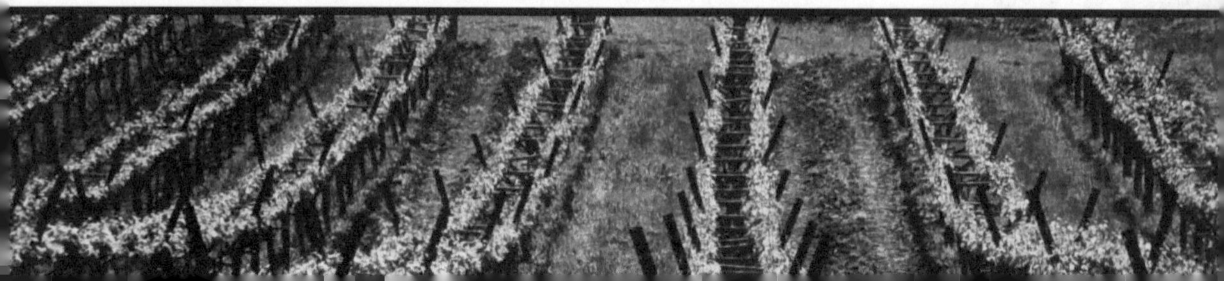

#WINELOVERS Yummies of the Week

22 montag

23 dienstag

24 mittwoch

25 donnerstag

26 freitag

27 samstag

Generation Riesling live
Düsseldorf

28
sonntag

Jahrgangspräsentation
Foyer des Rheingoldhalle

WOCHE

29. 30 JUNI

#WINELOVERS Brain Twister

Wie heißt die Appellation mit etwa 13.000 Hektar Rebfläche im unteren Gebiet der Loire, die für einen trockenen Weißwein aus Melon de Bourgogne gilt und die später nach der geographischen Lage in vier Appellationen mit zusätzlichen Bezeichnungen unterschieden wurde?

#WINELOVERS Yummies of the Week

29 montag

30 dienstag

01 mittwoch

02 donnerstag

03 freitag

04 samstag

05

sonntag

#WINELOVERS QUOTE

MICHEL ROLLAND

"There are no great enologists. Only good grapes."

JULI 2015

M	D	M	D	F	S	S
29	30	1	2	3	4	5
6	7	8	9	10	11	12
13	14	15	16	17	18	19
20	21	22	23	24	25	26
27	28	29	30	31	1	2
3	4	5	6	7	8	9

#WINELOVERS Brain Twister

Welches berühmte Weinbau-Gebiet liegt auf einer dreiecksförmigen Halbinsel zwischen dem durch Zusammenfluss von Garonne und Dordogne gebildeten Mündungstrichter Gironde?

#WINELOVERS Yummies of the Week

30 montag

31 dienstag

01 mittwoch

02 donnerstag

03 freitag

04 samstag

05

sonntag

WOCHE 28

06 - 12 JULI

#WINELOVERS Brain Twister

Welche Rebsorte hat das Synonym Rivaner, obwohl dieser aus dem vermeintlichen Elternpaar gebildete Name auf einen „falschen Vater“ verweist?

#WINELOVERS Yummies of the Week

06 montag

07 dienstag

08 mittwoch

09 donnerstag

10 freitag

11 samstag

12

sonntag

13.07.2015

VDP. Jahrespräsentation, Baden-Baden

(nur für Fachbesucher)

19.07.2015

VDP. LandPartie

in den Weinbergslagen

13-19 JULI

WOCHE

#WINELOVERS Brain Twister

Bei der Zufahrt zu welchem berühmten amerikanischen Weinbaugebiet steht das Zitat des Schriftstellers Robert Louis Stevenson „wine is bottled poetry" (Wein ist Poesie in Flaschen)?

....

#WINELOVERS Yummies of the Week

29

13 montag

14 dienstag

15 mittwoch

16 donnerstag

17 freitag

18 samstag

Jahrgangspräsentation
Baden-Baden

19 sonntag

VDP.LandPartie
in den Weinbergslagen

#WINELOVERS Brain Twister

Wie heißt die in Deutschland, Luxemburg und in der Schweiz verwendete Maßeinheit für das Mostgewicht, die nach dem Erfinder benannt ist?

#WINELOVERS Yummies of the Week

20 montag

21 dienstag

22 mittwoch

23 donnerstag

24 freitag

25 samstag

26

sonntag

WOCHE 31

27 - 31 JULI

#WINELOVERS Brain Twister

Wie heißt das von Ludovico Antinori gegründete große Weingut in der Toskana, wo ein gleichnamiger Rotwein für Furore sorgte und das und im Jahre 2002 zu gleichen Teilen von Mondavi und Frescobaldi übernommen wurde?

#WINELOVERS Yummies of the Week

27 montag				
28 dienstag				
29 mittwoch				
30 donnerstag				
31 freitag				
01 samstag				

02

sonntag

#WINELOVERS QUOTE

DOM PÉRIGNON

“Come quickly! I’m drinking the stars!”

AUGUST 2015

M	D	M	D	F	S	S
27	28	29	30	31	1	2
3	4	5	6	7	8	9
10	11	12	13	14	15	16
17	18	19	20	21	22	23
24	25	26	27	28	29	30
31	1	2	3	4	5	6

#WINELOVERS Brain Twister

Durch nicht erwünschtes Zulassen welchen Vorganges bei der Wein-Bereitung kann es zu den Weinfehlern Alterston, Brauner Bruch, Firn oder unerwünschtem Sherryton kommen?

#WINELOVERS Yummies of the Week

27 montag

28 dienstag

29 mittwoch

30 donnerstag

31 freitag

01 samstag

02

sonntag

WOCHE 32

03 - 09 AUGUST

#WINELOVERS Brain Twister

Wie heißt die Appellation mit rund 4.000 Hektar Rebfläche im Norden der griechischen Halbinsel Peloponnes, die nach der gleichnamigen Hafenstadt benannt ist?

#WINELOVERS Yummies of the Week

03 montag

04 dienstag

05 mittwoch

06 donnerstag

07 freitag

08 samstag

09

sonntag

10-16 AUGUST

WOCHE

#WINELOVERS Brain Twister

Welche uralte Rebsorte hat (neben unzähligen anderen) die Synonyme Aprofekete, Cerna Ranka, Klevner, Mohrenkönigin, Pignolo, Plant á bon Vin, Süßedel und Vert Dore?

#WINELOVERS Yummies of the Week

33

10 montag				
11 dienstag				
12 mittwoch				
13 donnerstag				
14 freitag				
15 samstag				

16
sonntag

#WINELOVERS Brain Twister

Wie heißt die französische Appellation mit herausragenden, lange lagerfähigen Rotweinen mit dem Hauptanteil Merlot, deren Qualität dem dort als „Crasse de fer" bezeichneten Boden zugeschrieben wird und wo es erstaunlicherweise keine Cru-Klassifizierung gibt?

#WINELOVERS Yummies of the Week

17 montag

18 dienstag

19 mittwoch

20 donnerstag

21 freitag

22 samstag

23

sonntag

WOCHE 35

24 - 30 AUGUST

24.08.2015
Vorpremiere VDP. Pfalz GrosseGewächse
Weingut Fitz-Ritter
(nur für Fachbesucher)

27.08.2015
VDP. Lagenweine
Kürfürstliches Schloss zu Mainz
(nur für Fachbesucher)

#WINELOVERS Brain Twister

Welche allerhöchste Klassifikation wurde bei der Bordeaux-Klassifizierung 1855 dem Château d'Yquem als einzigem Weingut zugesprochen?

#WINELOVERS Yummies of the Week

24 montag

25 dienstag

26 mittwoch

27 donnerstag

28 freitag

29 samstag

Vorpremiere VDP. Pfalz GrosseGewächse
Weingut Fitz-Ritter

Lagenweine
Kürfürstliches Schloss zu Mainz

30
sonntag

31.08.2015

Generation Riesling live, Hamburg

(ausschließlich für Fachbesucher)

31 AUGUST

WOCHE

#WINELOVERS Brain Twister

Wie heißt die berühmte Gemeinde an der Côte d´Or mit Anteilen an den Grand-Cru-Lagen Bâtard, Bienvenues-Bâtard und Chevalier, wobei man sich diese zum Teil mit einer benachbarten und ebenso berühmten Gemeinde teilt?

....

#WINELOVERS Yummies of the Week

36

31 montag

01 dienstag

02 mittwoch

03 donnerstag

04 freitag

05 samstag

Generation Riesling live
Hamburg

06
sonntag

#WINELOVERS QUOTE

LILY BOLLINGER

“I drink it when I’m happy and when I’m sad. Sometimes I drink it when I’m alone. When I have company I consider it obligatory. I trifle with it if I’m not hungry and drink it when I am. Otherwise, I never touch it – unless I’m thirsty.”

SEPTEMBER 2015

M	D	M	D	F	S	S
31	1	2	3	4	5	6
7	8	9	10	11	12	13
14	15	16	17	18	19	20
21	22	23	24	25	26	27
28	29	30	1	2	3	4
5	6	7	8	9	10	11

#WINELOVERS Brain Twister

Bei welchem gefürchtetsten aller Rebstock-Schädlinge ergibt ein einziges überwintertes weibliches Exemplar mit 1000 gelegten Eiern im Frühjahr bis zum Herbst rund 25 Billionen Nachkommen?

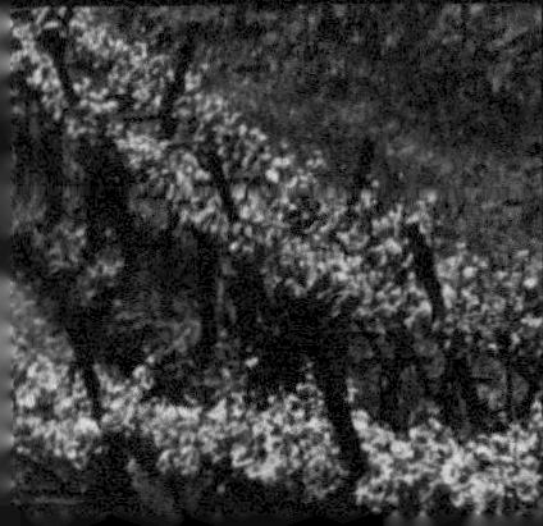

#WINELOVERS Yummies of the Week

31 montag

01 dienstag

02 mittwoch

03 donnerstag

04 freitag

05 samstag

06

sonntag

WOCHE 37

07-13 SEPTEMBER

07.09.2015
Premiere VDP.GROSSES GEWÄCHS, Berlin
(nur für Fachbesucher)

11.09.2015
Präsentation der GROSSEN GEWÄCHSE in der BASF
Gesellschaftshaus der BASF

#WINELOVERS Brain Twister

Wie lautet die deutsche Sammelbezeichnung für die in einem trocken ausgebautem Wein verbliebene Zuckerart Fructose und weiteren nicht vergärbaren Zuckerarten?

#WINELOVERS Yummies of the Week

07 montag

08 dienstag

09 mittwoch

10 donnerstag

11 freitag

12 samstag

Premiere VDP. GROSSES GEWÄCHS
Berlin

Präsentation der GROSSEN GEWÄCHSE in der BASF
Gesellschaftshaus der BASF

13
sonntag

14.09.2015

VDP.Jahrgangspräsentation

Alte Reithalle,Seidenstr. 34, 70174 Stuttgart

(nur für Fachbesucher)

14-20 SEPTEMBER

WOCHE

#WINELOVERS Brain Twister

In welchem deutschen Anbaugebiet sind die Weingüter Breuer, Eser, Geheimrat J. Wegeler Erben, Kühn, Leitz, Schloss Schönborn und Weil zuhause?

....

#WINELOVERS Yummies of the Week

38

14 montag

15 dienstag

16 mittwoch

17 donnerstag

18 freitag

19 samstag

Jahrgangspräsentation
Alte Reithalle,Seidenstr.
34, 70174 Stuttgart

20
sonntag

25. und 26.09.2015

Nürnberger Weininseln

Nürnberg

#WINELOVERS Brain Twister

Wie heißt die Insel, auf der es nur Frühling und Sommer gibt, die mit 300 Sonnentagen im Jahr hervorragend für den Weinbau geeignet ist und wo 90% der Trauben durch die große Genossenschaft CAIR aufgekauft und verarbeitet werden?

#WINELOVERS Yummies of the Week

21 montag

22 dienstag

23 mittwoch

24 donnerstag

25 freitag

26 samstag

Nürnberger Weininseln
Nürnberg

Nürnberger Weininseln
Nürnberg

27
sonntag

WOCHE 40

28-30 SEPTEMBER

#WINELOVERS Brain Twister

Welche weltberühmte Weißwein-Sorte hat unter anderem die Synonyme Fehér Rajnai, Gräfenberger, Hochheimer, Johannisberger, Klingelberger und Uva Pussila?

#WINELOVERS Yummies of the Week

28 montag

29 dienstag

30 mittwoch

01 donnerstag

02 freitag

03 samstag

04

sonntag

#WINELOVERS QUOTE

GARY VAYNERCHUK

"If I could drink only one wine, it would be Champagne."

OKTOBER 2015

M	D	M	D	F	S	S
28	29	30	1	2	3	4
5	6	7	8	9	10	11
12	13	14	15	16	17	18
19	20	21	22	23	24	25
26	27	28	29	30	31	1
2	3	4	5	6	7	8

#WINELOVERS Brain Twister

Wie lautet die italienische Bezeichnung für das Verfahren, bei dem einem bereits vergärten Valpolicella Amarone nochmals getrocknete Traubenschalen zugesetzt wird?

#WINELOVERS Yummies of the Week

29 montag

30 dienstag

31 mittwoch

01 donnerstag

02 freitag

03 samstag

04

sonntag

WOCHE 41

05 - 11 OKTOBER

#WINELOVERS Brain Twister

Wie lautet der in Südtirol gebräuchliche Name für eine rotbeerige Muskatellersorte, aus der Roséweine, Rotweine und Süßweine gekeltert werden?

#WINELOVERS Yummies of the Week

05 montag				
06 dienstag				
07 mittwoch				
08 donnerstag				
09 freitag				
10 samstag				

sonntag

12-18 OKTOBER

WOCHE

#WINELOVERS Brain Twister

Wie heißt der mengenmäßig bedeutendste DOC-Wein in der italienischen Region Venetien, der zu 70% aus der Sorte Garganega gekeltert wird?

#WINELOVERS Yummies of the Week

42

OKTOBER W 42

12 montag

13 dienstag

14 mittwoch

15 donnerstag

16 freitag

17 samstag

18

sonntag

23 und 24.10.2015

Münchner Weininseln

München

#WINELOVERS Brain Twister

Wie nennt man das Zusetzen von Alkohol zum Wein vor, während oder nach der Gärung in Form von Weingeist oder ähnlichen Destillaten?

#WINELOVERS Yummies of the Week

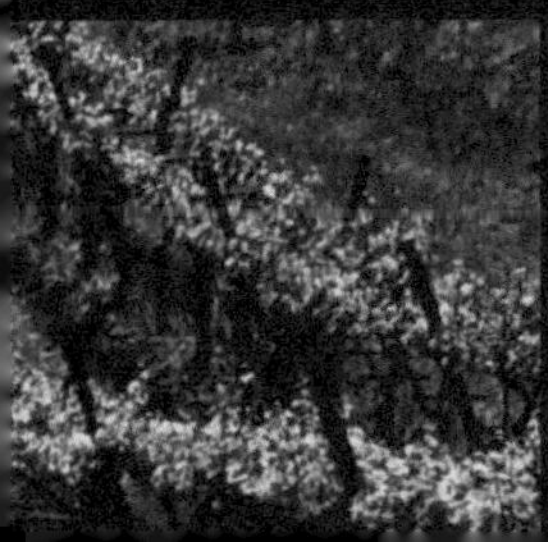

19 montag

20 dienstag

21 mittwoch

22 donnerstag

23 freitag

24 samstag

Münchner Weininseln
München

Münchner Weininseln
München

25
sonntag

WOCHE 44

26 - 31 OKTOBER

31.10.2015

Glorreiche Tage im Rheingau

#WINELOVERS Brain Twister

Welche Sorte war Kreuzungspartner bei den Neuzüchtungen André, Ariane, Baron, Cabernet Carbon, Laurot, Neronet, Prior, Rondo und Zweigelt?

#WINELOVERS Yummies of the Week

26 montag				
27 dienstag				
28 mittwoch				
29 donnerstag				
30 freitag				
31 samstag				**Glorreiche Tage im Rheingau**

01

sonntag

#WINELOVERS QUOTE

CHRISTIAN MOUEIX

"More important than the food pairing is the person with whom you drink the wine."

NOVEMBER 2015

M	D	M	D	F	S	S
26	27	28	29	30	31	1
2	3	4	5	6	7	8
9	10	11	12	13	14	15
16	17	18	19	20	21	22
23	24	25	26	27	28	29
30	1	2	3	4	5	6

01.11.2015

Glorreiche Tage im Rheingau

#WINELOVERS 2016 Planner bestellen

#WINELOVERS Brain Twister

Welcher berühmte Wein (Sammelbezeichnung) wird hauptsächlich aus den dafür zugelassenen Rebsorten Furmint und Hárslevelü, sowie auch Kövérszölö, Muskotály, Oremus und Zéta gekeltert?

#WINELOVERS Yummies of the Week

30 montag

01 dienstag

31 mittwoch

26 donnerstag

27 freitag

28 samstag

01
sonntag

Glorreiche Tage im Rheingau

#WINELOVERS 2016
Planner bestellen

WOCHE 45

02 - 08 NOVEMBER

02-08.11.2015
Glorreiche Tage im Rheingau

07.11.2015
Rheingau Open
Schloss Johannisberg, Geisenheim

08.11.2015
Riesling Gala
Laiendormitorium Kloster Eberbach

#WINELOVERS Brain Twister

Welcher berühmte italienische DOC-Rotwein wird aus den einheimischen Sorten Corvina Veronese (40-70%), Rondinella (20-40%) und Molinara (5-25%) verschnitten?

#WINELOVERS Yummies of the Week

02 montag

03 dienstag

04 mittwoch

05 donnerstag

06 freitag

07 samstag

Rheingau Open
Schloss Johannisberg,
Geisenheim

Glorreiche Tage im Rheingau

Glorreiche Tage im Rheingau

Glorreiche Tage im Rheingau

Glorreiche Tage im Rheingau

Glorreiche Tage im Rheingau

Glorreiche Tage im Rheingau

08 sonntag

Riesling Gala
Laiendormitorium Kloster Eberbach

Glorreiche Tage im Rheingau

09-15 NOVEMBER

WOCHE

#WINELOVERS Brain Twister

Wie heißt die wohl bekannteste Rotweingemeinde Deutschlands, in der zu 90% Spätburgunder in einer sonst vom Riesling dominierten Region angebaut wird?

....

#WINELOVERS Yummies of the Week

46

09 montag

10 dienstag

11 mittwoch

12 donnerstag

13 freitag

14 samstag

15

sonntag

WOCHE

#WINELOVERS Brain Twister

Nach den Winzern welchen Landes wurde der Begriff „Flying Winemaker“ geprägt, weil diese (während der arbeitsarmen Zeit auf ihren Weingütern) welweit beratende Tätigkeit ausüben?

#WINELOVERS Yummies of the Week

16 montag				
17 dienstag				
18 mittwoch				
19 donnerstag				
20 freitag				
21 samstag				

22
sonntag

WOCHE 48

23 - 29 NOVEMBER

28.11.2015

VDP.Lange Nacht der Weine

Freiburg

#WINELOVERS Brain Twister

Wie lautet die spanische Bezeichnung für eine Cuvée (Verschnitt), wobei dies vor allem bei der Herstellung von Sherry oder anderen Dessertweinen gebräuchlich ist?

#WINELOVERS Yummies of the Week

23 montag				
24 dienstag				
25 mittwoch				
26 donnerstag				
27 freitag				
28 samstag				**VDP.Lange Nacht der Weine** Freiburg

29
sonntag

30 NOVEMBER

WOCHE

#WINELOVERS Brain Twister

Wie heißt die Rebsorte, die nach einer 1997 erfolgten DNA-Analyse an der University of California aus einer höchstwahrscheinlich natürlichen Kreuzung zwischen Cabernet Franc (rot) x Sauvignon Blanc (weiß) entstanden ist?

#WINELOVERS Yummies of the Week

49

30 montag

01 dienstag

02 mittwoch

03 donnerstag

04 freitag

05 samstag

06

sonntag

#WINELOVERS QUOTE

MIKE DRASH

“The secret of the world’s best wines is soul. That soul comes from the vineyard and the winemaker’s hands.”

DEZEMBER 2015

M	D	M	D	F	S	S
30	1	2	3	4	5	6
7	8	9	10	11	12	13
14	15	16	17	18	19	20
21	22	23	24	25	26	27
28	29	30	31	1	2	3
4	5	6	7	8	9	10

#WINELOVERS Brain Twister

Auf Initiative des Besitzers welchen Médoc-Weingutes wurde im Jahre 1924 die Selbstabfüllung in Flaschen eingeführt und auf dem Etikett mit „Mise en bouteilles au Château“ dokumentiert?

#WINELOVERS Yummies of the Week

30 montag				
01 dienstag				
02 mittwoch				
03 donnerstag				
04 freitag				
05 samstag				

06

sonntag

WOCHE 50

07 - 13 DEZEMBER

#WINELOVERS Brain Twister

Wie heißt das im Jahre 1985 gegründete neuseeländische Weingut, dessen Kellermeister Kevin Judd erstmals im Jahre 1987 einen Sauvignon Blanc kreierte, der schnell Kultstatus erlangte und dazu beitrug, dass Neuseeland als Weinnation anerkannt wurde?

#WINELOVERS Yummies of the Week

07 montag

08 dienstag

09 mittwoch

10 donnerstag

11 freitag

12 samstag

13
sonntag

14-20 DEZEMBER

WOCHE

#WINELOVERS Brain Twister

Wie lautet die Marken-Bezeichnung für einen sehr populären Weißwein aus dem österreichischen Weinbau-Gebiet Wachau, die von einem Begriff aus der Falkenjagd abgeleitet ist?

#WINELOVERS Yummies of the Week

51

14 montag

15 dienstag

16 mittwoch

17 donnerstag

18 freitag

19 samstag

20

sonntag

#WINELOVERS Brain Twister

Wie lautet die französische Bezeichnung für den Zusatz aus Zucker und Hefen, um bei der Champagner-Herstellung die Flaschen-Gärung auszulösen?

#WINELOVERS Yummies of the Week

21 montag

22 dienstag

23 mittwoch

24 donnerstag

25 freitag

26 samstag

27
sonntag

WOCHE 53

28 - 31 DEZEMBER

#WINELOVERS Brain Twister

Wie heißt die Geschmacksrichtung, die im hinteren Abschnitt der Zunge großflächig wahrgenommen wird und besonders bei tanninreichen Weinen vorkommt?

#WINELOVERS Yummies of the Week

28 montag

29 dienstag

30 mittwoch

31 donnerstag

01 freitag

02 samstag

03

sonntag

Woche	#Winelovers Brain Twister	Lösung
Kalenderwoche 1	Wie lautet die französische Bezeichnung für den Vorgang der Selektion bzw. der kunstvollen Zusammenstellung von Weinen verschiedener Jahrgänge, Rebsorten und Weinberglagen speziell bei der Herstellung von Champagner?	Assemblage
Kalenderwoche 2	Wie heißt der DOCG-Rotwein aus dem Piemont, der sortenrein aus Nebbiolo gekeltert wird und dessen beste Lagen wie zum Beispiel Asili, Casotto, Ghiga, Montefico und Bernadotti auf dem Etikett angeführt werden dürfen?	Barbaresco
Kalenderwoche 3	Wie heißt der in Deutschland und Österreich erzeugte Prädikatswein-Typ mit zumindest 110 bis 128 °Oe (je nach Anbaugebiet) bzw. 25 °KMW Mostgewicht, der zum Teil auch aus edelfaulen Beeren produziert wird?	Beerenauslese
Kalenderwoche 4	Wie lautet die französische Bezeichnung für die Art der Wein-Bereitung, aus dunklen Trauben einen hellen (weißen) Wein zu keltern?	Blanc de noirs
Kalenderwoche 5	In welcher französischen Weinbau-Region dominieren im Westen Cabernet Sauvignon, Merlot und Cabernet Franc, und im Osten Merlot, Sauvignon Blanc und Sémillon?	Bordeaux
Kalenderwoche 5	Wie heißt mit einem griechisch/lateinischen Begriff die Rebstock-Krankheit, die bei weit über 200 Wirtspflanzen vorkommt, deren Erreger besonders bei reichlich vorhandenem Zucker rasch wächst und von totem Pflanzenmaterial lebt, und die durch gemäßigtes Klima mit feuchtwarmer Witterung begünstigt wird?	Botrytis
Kalenderwoche 6	Welcher sehr edlen Rotweinsorte sagt man einen typischen Geschmack von schwarzen Johannisbeeren (Cassis) und ein Aroma nach grünem Paprika nach?	Cabernet Sauvignon
Kalenderwoche 7	Welcher berühmte Rotwein wurde als erster im Bordeaux unter dem Château-Namen vermarktet?	Château Haut-Brion
Kalenderwoche 8	Welches berühmte alkoholische Getränk wird hauptsächlich aus den drei Rebsorten Folle Blanche, Ugni Blanc und Colombard produziert?	Cognac
Kalenderwoche 9	Wie lautet die (französische) Bezeichnung für einen Schaumwein, dessen Most für den Grundwein so wie beim Champagner mittels Ganztraubenpressung gewonnen werden muss?	Crémant
Kalenderwoche 9	Wie heißt das wohl berühmteste Weingut Burgunds, von dem man bis 1989 nur dann eine (einzige) Flasche kaufen konnte, wenn man dazu 11 andere Weinflaschen akzeptierte?	Domaine de la Romanée-Conti
Kalenderwoche 10	Wie heißt die rote Rebsorte, die zu Ehren eines Mannes benannt wurde, nach dessen Plänen und Initiative eine bekannte Weinbauschule gegründet wurde und die in Deutschland über 8.000 Hektar Rebfläche belegt?	Dornfelder

Kalenderwoche 11	Wie lautet die (deutsche) Bezeichnung für die spezielle Art der Gärung, bei der in hohen und schmalen Tanks am unteren Ende ständig frischer Most zugeführt, am oberen Ende der noch nicht ganz fertige Wein entnommen und dann in anderen Tanks fertig vergoren wird?	Durchlaufgärung
Kalenderwoche 12	Wie heißt die seit vielen Jahrhunderten mit Weinbau verbundene berühmte Adels-Familie im burgenländischen Weinbau-Gebiet Neusiedlersee-Hügelland (Österreich)?	Esterházy
Kalenderwoche 13	Wie heißt die klassische, leichte und trockene Sherry-Variante mit heller, goldgelber Farbe und typischem Mandel-Aroma, die unter einer Florschicht ohne oxidativem Einfluss entsteht?	Fino
Kalenderwoche 14	Wie hieß der französische Apotheker, der 1836 eine Formel veröffentlichte, mit dem der Zuckergehalt vor der Flaschengärung des Champagners festgestellt und damit die Fülldosage genau bestimmt werden konnte?	François Jean-Baptiste
Kalenderwoche 14	Wie heißt der bekannte Weinmacher aus dem Piemont, dessen Großvater als einer der ersten Wein in Flaschen abfüllte, durch rigorose Qualitäts-Maßstäbe internationales Aufsehen erregte und den Ehrentitel „Angelo nazionale“ erhielt?	Gaja
Kalenderwoche 15	Wie lautet die spanische Bezeichnung für einen Wein, der zumindest 60 Monate gereift sein muss, davon 24 Monate im Eichenfass und 36 Monate in der Flasche?	Gran Reserva
Kalenderwoche 16	In welchem französischen Bereich liegt ein berühmtes Weingut, das als einiges außerhalb von Médoc liegendes Châteaux in der Bordeaux-Rotweinliste von 1855 enthalten ist?	Graves
Kalenderwoche 17	Wie lautet die Bezeichnung für die trockenen Weine der höchsten Stufe im VDP-Klassifikationsmodell, die für alle deutschen Anbaugebiete außer dem Rheingau gültig ist?	Grosses Gewächs
Kalenderwoche 18	Wie heißt das berühmte Cognac-Haus, dessen irischer Firmengründer als Firmensymbol „Bras Armé“ (bewaffneter Arm) aus dem Familienwappen wählte, das auch heute noch auf jeder Flasche zu finden ist?	Hennessy
Kalenderwoche 18	Wie lautet die in Österreich und Deutschland gebräuchliche Bezeichnung (eine runde Zahl) für den Zeitraum der Wachstums-Periode zwischen der Blüte des Rebstocks und der Weinlese der reifen Weintrauben?	Hundert Tage
Kalenderwoche 19	Wie lautet die deutsche Bezeichnung für eine relativ neue Technik bei der Bereitung von trockenem Weißwein, bei der die Beerenhäute der gemahlenen Trauben zwischen vier und 24 Stunden bei tiefen Temperaturen (um eine Gärung zu verhindern) auf dem Most belassen werden?	Hülsenmaischung
Kalenderwoche 20	Wie lautet die spanische Bezeichnung für einen Jungwein, der bereits im ersten Jahr nach der Weinlese vermarktet wird und nur kurz oder überhaupt nicht im Fass gereift ist?	Joven

Kalenderwoche 21	Wie heißt die mit nur 125 Hektar Rebfläche kleinste französische Weinbau-Region, wo es nur eine Appellation und einen VDQS-Bereich gibt?	Lothringen
Kalenderwoche 22	In welchem Land ist als Erfrischungsgetränk ein hochfarbiger, süßer Dessertwein (Vin Gris aus Cinsaut und Carignan) sehr beliebt und macht 10% der Wein-Produktion aus?	Marokko
Kalenderwoche 23	Wie heißt die weitaus größte argentinische Weinbau-Region?	Mendoza
Kalenderwoche 24	In welchem berühmten französischen Weinbauort, wo die Zisterzienser vom Herzog von Burgund am Weihnachtstag ihres Gründungsjahres 1098 ihren ersten Weinberg als Geschenk erhielten, wird jährlich die „Paulée" am dritten Tag der „Trois Glorieuses" gefeiert?	Meursault
Kalenderwoche 25	Wie heißt das berühmte Weingut mit 1.000 Hektar Rebfläche im spanischen Bereich Penedès, wo sich der ebenso berühmte Besitzer speziell mit der Pflege autochthoner Rebsorten beschäftigt?	Miguel Torres
Kalenderwoche 26	Wie heißt die AC im Languedoc mit rund 4.500 Hektar Rebfläche zwischen Corbières und Saint-Chinian mit dem berühmtesten Weinort La Livinière, wo zu 99% Rotwein aus Carignan, Grenache, Mourvèdre und Syrah gekeltert wird?	Minervois
Kalenderwoche 27	Wie heißt die Appellation mit etwa 13.000 Hektar Rebfläche im unteren Gebiet der Loire, die für einen trockenen Weißwein aus Melon de Bourgogne gilt und die später nach der geographischen Lage in vier Appellationen mit zusätzlichen Bezeichnungen unterschieden wurde?	Muscadet
Kalenderwoche 27	Welches berühmte Weinbau-Gebiet liegt auf einer dreiecksförmigen Halbinsel zwischen dem durch Zusammenfluss von Garonne und Dordogne gebildeten Mündungstrichter Gironde?	Médoc
Kalenderwoche 28	Welche Rebsorte hat das Synonym Rivaner, obwohl dieser aus dem vermeintlichen Elternpaar gebildete Name auf einen „falschen Vater" verweist?	Müller-Thurgau
Kalenderwoche 29	Bei der Zufahrt zu welchem berühmten amerikanischen Weinbaugebiet steht das Zitat des Schriftstellers Robert Louis Stevenson „wine is bottled poetry" (Wein ist Poesie in Flaschen)?	Napa Valley
Kalenderwoche 30	Wie heißt die in Deutschland, Luxemburg und in der Schweiz verwendete Maßeinheit für das Mostgewicht, die nach dem Erfinder benannt ist?	Oechsle
Kalenderwoche 31	Wie heißt das von Ludovico Antinori gegründete große Weingut in der Toskana, wo ein gleichnamiger Rotwein für Furore sorgte und das und im Jahre 2002 zu gleichen Teilen von Mondavi und Frescobaldi übernommen wurde?	Ornellaia
Kalenderwoche 31	Durch nicht erwünschtes Zulassen welchen Vorganges bei der Wein-Bereitung kann es zu den Weinfehlern Alterston, Brauner Bruch, Firn oder unerwünschtem Sherryton kommen?	Oxidation

Kalenderwoche 32	Wie heißt die Appellation mit rund 4.000 Hektar Rebfläche im Norden der griechischen Halbinsel Peloponnes, die nach der gleichnamigen Hafenstadt benannt ist?	Patras
Kalenderwoche 33	Welche uralte Rebsorte hat (neben unzähligen anderen) die Synonyme Aprofekete, Cerna Ranka, Klevner, Mohrenkönigin, Pignolo, Plant á bon Vin, Süßedel und Vert Dore?	Pinot Noir
Kalenderwoche 34	Wie heißt die französische Appellation mit herausragenden, lange lagerfähigen Rotweinen mit dem Hauptanteil Merlot, deren Qualität dem dort als „Crasse de fer" bezeichneten Boden zugeschrieben wird und wo es erstaunlicherweise keine Cru-Klassifizierung gibt?	Pomerol
Kalenderwoche 35	Welche allerhöchste Klassifikation wurde bei der Bordeaux-Klassifizierung 1855 dem Château d´Yquem als einzigem Weingut zugesprochen?	Premier Cru Classé Supérieur
Kalenderwoche 36	Wie heißt die berühmte Gemeinde an der Côte d´Or mit Anteilen an den Grand-Cru-Lagen Bâtard, Bienvenues-Bâtard und Chevalier, wobei man sich diese zum Teil mit einer benachbarten und ebenso berühmten Gemeinde teilt?	Puligny-Montrachet
Kalenderwoche 36	Bei welchem gefürchtetsten aller Rebstock-Schädlinge ergibt ein einziges überwintertes weibliches Exemplar mit 1000 gelegten Eiern im Frühjahr bis zum Herbst rund 25 Billionen Nachkommen?	Reblaus
Kalenderwoche 37	Wie lautet die deutsche Sammelbezeichnung für die in einem trocken ausgebautem Wein verbliebene Zuckerart Fructose und weiteren nicht vergärbaren Zuckerarten?	Restzucker
Kalenderwoche 38	In welchem deutschen Anbaugebiet sind die Weingüter Breuer, Eser, Geheimrat J. Wegeler Erben, Kühn, Leitz, Schloss Schönborn und Weil zuhause?	Rheingau
Kalenderwoche 39	Wie heißt die Insel, auf der es nur Frühling und Sommer gibt, die mit 300 Sonnentagen im Jahr hervorragend für den Weinbau geeignet ist und wo 90% der Trauben durch die große Genossenschaft CAIR aufgekauft und verarbeitet werden?	Rhodos
Kalenderwoche 40	Welche weltberühmte Weißwein-Sorte hat unter anderem die Synonyme Fehér Rajnai, Gräfenberger, Hochheimer, Johannisberger, Klingelberger und Uva Pussila?	Riesling
Kalenderwoche 40	Wie lautet die italienische Bezeichnung für das Verfahren, bei dem einem bereits vergärten Valpolicella Amarone nochmals getrocknete Traubenschalen zugesetzt wird?	Ripasso
Kalenderwoche 41	Wie lautet der in Südtirol gebräuchliche Name für eine rotbeerige Muskatellersorte, aus der Roséweine, Rotweine und Süßweine gekeltert werden?	Rosenmuskateller
Kalenderwoche 42	Wie heißt der mengenmäßig bedeutendste DOC-Wein in der italienischen Region Venetien, der zu 70% aus der Sorte Garganega gekeltert wird?	Soave

Kalenderwoche 43	Wie nennt man das Zusetzen von Alkohol zum Wein vor, während oder nach der Gärung in Form von Weingeist oder ähnlichen Destillaten?	Spriten
Kalenderwoche 44	Welche Sorte war Kreuzungspartner bei den Neuzüchtungen André, Ariane, Baron, Cabernet Carbon, Laurot, Neronet, Prior, Rondo und Zweigelt?	St. Laurent
Kalenderwoche 44	Welcher berühmte Wein (Sammelbezeichnung) wird hauptsächlich aus den dafür zugelassenen Rebsorten Furmint und Hárslevelü, sowie auch Kövérszölö, Muskotály, Oremus und Zéta gekeltert?	Tokajer
Kalenderwoche 45	Welcher berühmte italienische DOC-Rotwein wird aus den einheimischen Sorten Corvina Veronese (40-70%), Rondinella (20-40%) und Molinara (5-25%) verschnitten?	Valpolicella
Kalenderwoche 46	Wie heißt die wohl bekannteste Rotweingemeinde Deutschlands, in der zu 90% Spätburgunder in einer sonst vom Riesling dominierten Region angebaut wird?	Assmannshausen
Kalenderwoche 47	Nach den Winzern welchen Landes wurde der Begriff „Flying Winemaker" geprägt, weil diese (während der arbeitsarmen Zeit auf ihren Weingütern) welweit beratende Tätigkeit ausüben?	Australien
Kalenderwoche 48	Wie lautet die spanische Bezeichnung für eine Cuvée (Verschnitt), wobei dies vor allem bei der Herstellung von Sherry oder anderen Dessertweinen gebräuchlich ist?	Cabeceo
Kalenderwoche 49	Wie heißt die Rebsorte, die nach einer 1997 erfolgten DNA-Analyse an der University of California aus einer höchstwahrscheinlich natürlichen Kreuzung zwischen Cabernet Franc (rot) x Sauvignon Blanc (weiß) entstanden ist?	Cabernet Sauvignon
Kalenderwoche 49	Auf Initiative des Besitzers welchen Médoc-Weingutes wurde im Jahre 1924 die Selbstabfüllung in Flaschen eingeführt und auf dem Etikett mit „Mise en bouteilles au Château" dokumentiert?	Château Mouton-Rothschild
Kalenderwoche 50	Wie heißt das im Jahre 1985 gegründete neuseeländische Weingut, dessen Kellermeister Kevin Judd erstmals im Jahre 1987 einen Sauvignon Blanc kreierte, der schnell Kultstatus erlangte und dazu beitrug, dass Neuseeland als Weinnation anerkannt wurde?	Cloudy Bay
Kalenderwoche 51	Wie lautet die Marken-Bezeichnung für einen sehr populären Weißwein aus dem österreichischen Weinbau-Gebiet Wachau, die von einem Begriff aus der Falkenjagd abgeleitet ist?	Federspiel
Kalenderwoche 52	Wie lautet die französische Bezeichnung für den Zusatz aus Zucker und Hefen, um bei der Champagner-Herstellung die Flaschen-Gärung auszulösen?	Liqueur de tirage
Kalenderwoche 53	Wie heißt die Geschmacksrichtung, die im hinteren Abschnitt der Zunge großflächig wahrgenommen wird und besonders bei tanninreichen Weinen vorkommt?	bitter

edition.wein-plus.eu

EVENT INFORMATIONEN

www.wein-plus.eu
www.vdp.de

www.muenchner-weininseln.de
www.nuernberger-weininseln.de

www.deutscheweine.de
www.generation-riesling.de

BILDNACHWEIS

Greta Ceresini, flickr.com/photos/greceres/
Armando Sotoca, flickr.com/photos/criterion/
Sean O'Shaughnessy, flickr.com/photos/seanosh/
Nicolas Alejandro, flickr.com/photos/nalejandro/
Jonas Tegnerud, flickr.com/photos/j_tegnerud/
Nathan Forget, flickr.com/photos/nathanf/
Reddy Aprianto, flickr.com/photos/reddy-aprianto/
Thomas Leth-Olsen, flickr.com/photos/thomasletholsen/
Shane K, flickr.com/photos/shanes_stuff/
Sarah Ackerman, flickr.com/photos/sackerman519/

Axel Gross, www.grossaufnehmen.de
Greta Ceresini, flickr.com/photos/greceres/
Armando Sotoca, flickr.com/photos/criterion/
Sean O'Shaughnessy, flickr.com/photos/seanosh/
Nicolas Alejandro, flickr.com/photos/nalejandro/
Jonas Tegnerud, flickr.com/photos/j_tegnerud/
Nathan Forget, flickr.com/photos/nathanf/
Reddy Aprianto, flickr.com/photos/reddy-aprianto/
Thomas Leth-Olsen, flickr.com/photos/thomasletholsen/
Shane K, flickr.com/photos/shanes_stuff/
Axel Gross, www.grossaufnehmen.de

edition.wein-plus.eu

edition.wein-plus.eu